प्रवाद पर्व

प्रवाद पर्व

श्रीनरेश मेहता

लोकभारती प्रकाशन

पहली मंजिल, दरबारी बिल्डिंग, महात्मा गाँधी मार्ग, इलाहाबाद-1

लोकभारती प्रकाशन
पहली मंजिल, दरबारी बिल्डिंग, महात्मा गाँधी मार्ग
इलाहाबाद-211 001

वेबसाइट : www.lokbhartiprakashan.com
ईमेल : info@lokbhartiprakashan.com

शाखाएँ : 1-बी, नेताजी सुभाष मार्ग, दरियागंज
नई दिल्ली-110 002
अशोक राजपथ, साइंस कॉलेज के सामने
पटना-800 006 (बिहार)

मूल्य : ₹ 125

संस्करण : 2012

इण्डियन प्रेस प्राइवेट लिमिटेड
इलाहाबाद-211 002 द्वारा मुद्रित

PRAVAD PARVA
by Shrinaresh Mehta

ISBN : 978-81-8031-673-9-

डॉ. सत्यव्रत सिनहा को

भूमिका

काव्य, मनुष्य और भाषा दोनों की ही उदात्ततम एवं विकसिततम अवस्था है। नर का नारायणत्व तथा भाषा का मन्त्रत्व, प्रकारान्तर से काव्यात्मक उदात्तता के ही नाम हैं। एक में धर्मभूमि से मनुष्य के विराट् होने का संकेत है, तो दूसरे में भाषाभूमि से मनुष्य के ऋषिरूप हो जाने की प्रतीति है। भूमियों का अन्तर है, तत्त्व का नहीं। भूमियों के अन्तर से भाषा, भाव, मुद्रा एवं प्रक्रिया की प्रकृति में थोड़ा अन्तर हो सकता है परन्तु प्रयोजन वही उदात्त रहता है। धरती की पदार्थ-प्रधान स्थूलता जब सूर्य रश्मियों एवं ऋतुओं का सान्निध्य प्राप्त कर ऊर्ध्वमयी होने लगती है तब मनुष्य के चैतन्य स्वरूप की क्या बात है।

ज्ञात या अज्ञात रूप में ऐसा काव्यात्मक वैराट्य, मनुष्यमात्र में होता है। धरतीमात्र में जिस प्रकार जल अनिवार्यत: होता ही है उसी प्रकार मनुष्यमात्र में यह काव्यात्मक अथवा वैचारिक ऊर्ध्वता होती ही है। जिस प्रकार भिन्न भूमियों में जल की गहराई, मात्रा भिन्न होती है लगभग यही नैसर्गिकता मानवीय भावदशा के सन्दर्भ में भी सत्य है। तत्त्वत: ऋषि और जघन्यकर्मा एक ही हैं, परन्तु अन्तर केवल यह है कि एक के द्वारा अपनी काव्यात्मकता से साक्षात् कर लिया गया होता है, जबकि दूसरे के द्वारा नहीं। इस स्थिति के कारण दोनों के चैतन्य स्वरूप में निश्चय ही तात्त्विक गुणात्मक भेद आ जाता है। एक लपलपाती निर्धूम अग्नि है, वैश्वानर है तो दूसरा क्षाराच्छादित वह्नि। एक में अग्नि से और अधिक अग्नि होने की प्रक्रिया है दूसरे में अग्नि से अ-अग्नि होते जाने की प्रक्रिया है। अत: यह सर्वथा सम्भव है कि एक ही अक्षांश और देशान्तर पर होते हुए भी चैतन्य के स्तर पर दो व्यक्ति सर्वथा विपरीत हों।

सामान्यत: लोग अपनी काव्यात्मकता का साक्षात्कार नहीं कर पाते हैं। कविता करना और कवि होना, काव्यात्मकता के भिन्न स्तर हैं। सब कविता काव्यात्मकता नहीं हुआ करती। मात्र कविता करना बाह्य प्रक्रिया है, परन्तु काव्यात्मकता का साक्षात्, कविता करने से भी अधिक महत्त्वपूर्ण है। बहुत सम्भव है कि मात्र कविता हमें एक विशिष्ट भाव-दशा तक ही ले जाये जबकि काव्यात्मकता, भाव-दशा या विशिष्ट भाव-स्थिति नहीं हुआ करती। वह तो भाव-मुक्त या भावातीत या 'अभाव'

की स्थिति है। कविता के लिए भावों के तनाव की आवश्यकता हो सकती है, परन्तु काव्यात्मकता तो अपने 'स्व' के गुरुत्वाकर्षण की उल्लंघनता है। काव्य से मुक्त हो जाने का नाम ही काव्यात्मकता है। जब तक कविता, काव्य का बोध करवाती है वह काव्यात्मक की निर्द्वन्द्वता का नहीं, बल्कि भाव या लौकिक तनाव का परिमण्डल है। काव्य से मुक्त काव्यानन्द ही काव्यात्मक है। साधारणत: तो हम भाव-दशा या विशिष्ट भाव-दशा तक ही रुक जाते हैं, इसका कारण यह है कि काव्यात्मकता ऊर्ध्वता या काव्यातीतता की मूल्यवत्ता से हमारा परिचय नहीं होता। वैसे भी ऊँचाई पर असुविधा होती ही है, क्योंकि ऊँचाई हमें निरन्तर निपट अकेला बनाती है। शिखर होने का तात्पर्य ही है नितान्त अकेला होना। अत: काव्यात्मक ऊर्ध्वता पर पहुँचकर यदि वैचारिक या भावनात्मक अकेलेपन के कारण असुविधा होने लगे तो कोई आश्चर्य नहीं। भौतिक ऊँचाई पर भी जब वायुमण्डलीय दबाव अधिक होता जाता है तब यदि काव्यात्मक ऊर्ध्वता पर भी समकालीन वैचारिक वायुमण्डलीय दबाव उत्पन्न हो तो आश्चर्य नहीं करना चाहिए। प्राय: लोग इस समकालीन दबाव के कारण ही समकालीन या दैनन्दिनवाले मनोजगत्, भाषा, मुद्रा, मुहावरे और अर्थ के लोक में लौट आते हैं। इसलिए प्राय: हमें कविता में काव्यात्मक ऊर्ध्वता के स्थान पर भाव-दशा या विशिष्ट भाव-दशा ही मिलती है। समकालीनता से अकेले होते जाने के संकट का नाम ही काव्यात्मक ऊर्ध्वता है। हम यह संकट क्यों नहीं लेना चाहते? इसलिए कि ऊर्ध्वता या वैराट्य परम काव्यात्मक आस्वाद से पूर्ण एवं पूर्ण परिचय न होने के कारण हमें काव्यात्मकता की यह पराभूमि या तो अयथार्थिक लगती है या फिर काल्पनिक। इसीलिए सभी युगों में अधिकांश काव्य, काव्यात्मकता तो दूर, कविता की तलाश भर होते हैं।

प्राय: तो भाषा के स्तर पर ही अधिकांश कवि, काव्य-श्रोता एवं पाठक काव्यात्मकता की तलाश में रहते हैं। कितने जानते हैं कि काव्य, भाषा को शब्द और अर्थ से मुक्ति दिलाने की प्रक्रिया है। भाषा के बन्धन का नहीं मुक्ति का नाम काव्य है। शब्द में निहित अर्थ और संस्कार को जब तक काव्य, जाग्रत नहीं करता तब तक वह भाषा या शब्द की ऊपरी सतह शब्दता पर ही टकराता रहेगा। कठिन भाषा या सरल भाषा, शब्द की शब्दता के ही नाम हैं। काव्य में शब्द और अर्थ का प्रयोग उसके भोक्ता कवि और श्रोता दोनों को ही शब्द और अर्थ से मुक्त होने के लिए होता है। काव्यभाषा और अर्थ इन तीनों से असंग मन्त्रात्मकता ही शुद्ध काव्यात्मकता है। जिस प्रकार अग्नि, काष्ठ और हविष्यजन्मा होने पर भी वह न लकड़ी है और न हविष्य उसी प्रकार काव्य शब्द और अर्थजन्मा होने पर भी वह न शब्द है और न अर्थ। एक प्रक्रिया के कारण ही कारण, कार्य में परिणत होकर स्वतन्त्र संज्ञा, शक्ति हो जाता है। वह कारणों का प्रयोग कर स्वयं कार्य-सत्ता बन जाता है। कार्य-सत्ता बन जाने पर वह असंज्ञ हो जाता है। अग्नि बन जाने पर जिस

प्रकार यह स्वतन्त्र सत्ता हो जाती है उसी प्रकार काव्यात्मकता स्वतन्त्र सत्ता है। धर्म की भाषा में नर का नारायणत्व; दर्शन की भाषा में 'अहं' का 'सोऽहं' होना काव्य की भाषा में शब्द की शब्दातीततावाली अनन्त अर्थसत्तावाली काव्यात्मकता के भिन्न नाम, गुण, तर्क और स्वरूप हैं। काव्य, धर्म और दर्शन की भाषा ही तो धर्म और दर्शन काव्य के मात्र कारण हैं। असम्बोधित काव्य ही धर्मदर्शन है जबकि सम्बोधित धर्मदर्शन ही काव्य। जिस प्रकार असम्बोधित अग्नि सामान्यरूपा होती है, परन्तु सम्बोधित अग्नि यज्ञ-देवता हो जाती है उसी प्रकार काव्यात्मकता की स्थिति है।

व्यक्ति-मनस् को सृष्टि-मनस् बनाने की प्रक्रिया का नाम धर्म है, तथा 'सोऽहं' को 'अहं' में विलय कर लेना ही दर्शन है। धर्म में अपने से बाहर जाना होता है जबकि दर्शन में बाहर से 'स्व' में लौटना होता है। काव्य इन दो भिन्न ध्रुवीय उदात्त यात्राओं की रम्य व्याख्या है। चूँकि धर्म, प्रकृति है और दर्शन 'स्व' का चैतन्य है अत: ये दोनों अनव्याख्यायित रह सकते हैं। ये बिना काव्य के भी रह सकते हैं परन्तु काव्य नहीं। शब्द और अर्थ आदि के गुरुत्वाकर्षण का भेदन इनके बिना काव्य नहीं कर सकता है। उच्चाश्रयी होने के लिए अनिवार्य तत्त्व हैं अन्यथा काव्य, शब्द की जड़ता से ऊपर नहीं उठ पायेगा। काव्य का एकमात्र कार्य है व्यक्ति-मनस् और समष्टि-मनस् में समरसता स्थापित करना। यह समरसता जिस काव्य में जितनी ही उदात्त होगी उसमें उतनी ही अधिक काव्यात्मकता होगी। क्या इसमें मानवीय यथार्थ कहीं बाधक हैं? है, यदि यथार्थ ही काव्य का यात्रा-इष्ट हो जाये। यथार्थ को उसके गुरुत्वाकर्षण से बाहर ले जाना ही काव्य का इष्ट होना चाहिए, यथार्थ, जड़ता होती है और काव्य जब शब्द की जड़ता ही वहन कर सकता है तब अतिरिक्त जड़ता कैसे वहन करेगा? यथार्थ का भी परिशोध आवश्यक है। जिस दिन वृक्ष, ऊर्ध्व के आह्वान से विमुख हो जाता है उस दिन उसका जीवन और सत्ता दोनों ही समाप्त हो जाते हैं। ऊर्ध्व का आह्वान ही वृक्ष को वृक्षत्व प्रदान करनेवाला चैतन्य तत्त्व होता है। धरती की यथार्थिक जड़ता का भेदन करनेवाला ही वृक्ष कहलाता है। काव्य भी अपनी सत्ता, पहचान, प्राणवत्ता और प्रयोजन सभी-कुछ खो देता है जब वह केवल यथार्थमुखी ही रहता है। शुद्ध यथार्थ, मानवीय जड़ता ही तो है। जड़ता जब स्वयं उन्मुक्त नहीं हो पाती तब वह किसी अन्य को कैसे मुक्त या चैतन्य कर सकती है? यथार्थ की इस जड़ता का शोध, धर्म और दर्शन की भूमि पर ही सम्भव है। यथार्थ को धर्म और दर्शन दो डैने प्रदान करके ही काव्य अपनी काव्यात्मक यात्रा आरम्भ कर सकता है।

मानवीय वाद्य का नाम भाषा है। भाषा, शब्द-वीणा है। मनुष्य ने अपने 'स्व' के अनभिव्यक्त अर्थ को भाषा के निर्माण के द्वारा अभिव्यक्त किया। जिसका जैसा 'स्व' था, वैसी ही भाषा निर्मित हुई। भाषा में ही अस्मिता की गन्ध स्पष्ट होती है।

भाषा, अर्थ को वहन करती है; न कि अर्थ, भाषा को। भाषा सार्वजनिक होती है, परन्तु अर्थ वैयक्तिक। भाषा का चूँकि सार्वजनिक प्रयोग होता है अत: मुख्य रूप से भाषा, सामान्यरूपा होती है, परन्तु अर्थ के निजत्व पर सामाजिकता का कोई ऐसा प्रतिबन्ध नहीं होता। एक ही प्रकार की भाषा का प्रयोग करने पर भी सबके अपने-अपने निजी अर्थ हो सकते हैं। काव्यभाषा मुख्य रूप से निजत्ववाली भाषा हुआ करती है। जितना बड़ा काव्यात्मकता का दबाव होता है, सामाजिकरूपा भाषा में उतना ही निजत्व उभरता है। सामाजिकता का सबसे कम दबाववाला स्वरूप काव्यभाषा में ही होता है। भाषा में अर्थ का ऐसा निजत्व-उच्चारण, बलाघात, शब्द-शक्ति आदि बातों से आया करता है। काव्य, चूँकि प्रस्तुत के तृतीय आयाम से लेकर अनन्त आयाम को दिखाने की चेष्टा होता है इसलिए काव्यभाषा को उसके दो आयामोंवाले सामाजिक स्वरूप से भरसक अलग करता है। एक ही वाद्य और एक ही राग बजाये जाने पर भी विभिन्न वादकों को केवल सुनकर पहचाना जा सकता है। इसका कारण है उन वादकों का स्वरों के प्रति जो निजत्व है वही प्रमुख है। इसी प्रकार भाषा में भी यह निजत्व तथा अर्थ-भेद उसके प्रयोक्ता पर निर्भर करता है। साथ ही यह भी जान लेना जरूरी है कि किसी भी स्थिति में भाषा, शब्दातीत नहीं हो सकती। चूँकि अर्थ की कोई भाषा नहीं होती अत: अर्थ की अभिव्यक्ति के लिए सम्पूर्ण सृष्टि भी भाषा हो सकती है। न बोलने या मौन की भाषा से हम परिचित ही हैं। मात्र देखना, अर्थ की दृष्टि से कितनी समर्थ भाषा है, इसका हम सबको अनुभव है। अत: भाषा या शब्द का कार्य है अर्थ का विस्तार और अर्थ का कार्य है व्यक्ति को मुक्त करना, किन्तु यह तभी सम्भव है जब अर्थ का विस्तार करने के बाद भाषा अपनी सत्ता विलुप्त कर ले और व्यक्ति को मुक्त करके अर्थ भी समाप्त हो जाय, परन्तु शब्द चूँकि जड़ होते हैं इसलिए उनमें स्वयं अर्थ नहीं होते। वे तो प्रयोक्ता के अर्थ को ही वहन किया करते हैं। यदि भाषा और शब्दों में स्वयं अर्थ होते तो इतनी भिन्न भाषाओं की आवश्यकता भी नहीं होती। भाषा, चूँकि जड़ होती है इसीलिए वह देश और काल से प्रतिबद्ध होती है, जबकि अर्थ नहीं, क्योंकि अर्थ की कोई भाषा नहीं। इसीलिए अर्थ, शब्दातीत ही नहीं, देश-कालातीत भी होता है।

इस भाषा-वाद्य के साथ एक कठिनाई यह भी है इसका आविष्कार हुआ है जबकि अर्थ, इस आविष्कार के पूर्व भी विद्यमान था। प्रत्येक शब्द को आरम्भ में ही हमेशा के लिए कुछ अर्थ दे दिये गये हैं। भाषा या शब्द, संख्या की दृष्टि से भी अनन्त नहीं हो सकते। जबकि अर्थ, मनुष्य की ही भाँति संख्यातीत भी हो सकता है और अनन्तआयामी तो वह है ही। इसलिए एक स्थिति के बाद हमारी भाषा हमारे अर्थ को पूर्ण रूप से वहन नहीं करती है। भाषा का प्रयोग हम अपने अर्थ के सम्प्रेषण के लिए ही तो करते हैं, परन्तु जब हमारा अर्थ, भाषा के स्वरूप और

शब्दता का अतिक्रमण कर रहा होता है तब हमें भाषागत प्रयोगों की आवश्यकता होने लगती है। प्रयोग का तात्पर्य ही यह होता है कि भाषा और अर्थ में दूरी कम-से-कम रहे। लेकिन यदि ऐसा करते समय केवल हम ही दोनों छोरों पर होते तब तो कोई कठिनाई नहीं थी, परन्तु दूसरे छोर पर जब हमसे भिन्न व्यक्ति सम्बोधित होते हैं तब इसका क्या प्रमाण कि सम्प्रेषित भाषा का उन व्यक्तियों में भी वही भाषा-संस्कार और अर्थ-विस्तार हो रहा है जिसकी हमें अपेक्षा है? भाषा समस्त प्रयोग-क्रिया में से गुजरने के बाद भी एक निश्चित दायरे में रहने के लिए बाध्य है। उसकी सामान्य सामाजिकता को जिस प्रकार सम्पूर्ण रूप से दूर नहीं किया जा सकता उसी प्रकार शब्द को उसकी शब्दता से भी मुक्त नहीं किया जा सकता इसीलिए काव्य का अर्थ वैसी ही भाषा में तद्वत् सम्प्रेषित नहीं किया जा सकता। यह ठीक है कि भाषा को शब्द-प्रधान नहीं अर्थ-प्रधान होना चाहिए, परन्तु यह कैसे सम्भव है कि भाषा में शब्द-प्रधानता भी न हो और अर्थ-प्रधानत्व भी आ जाये।

शब्द और अर्थ दोनों ही ध्वनि उत्पन्न करते हैं। शब्द की ध्वनि इन्द्रियगम्य है, परन्तु अर्थ की अनुभवगम्य। शब्द की ध्वनि को सामान्य स्तर पर गहा जा सकता है, परन्तु अर्थ की ध्वनि के लिए व्यक्ति-मानस् का उन्नत एवं संस्कारवान् होना आवश्यक है। यह वैज्ञानिक प्रक्रिया है कि एक साथ दो ध्वनियाँ एक ही स्तर पर ग्रहण नहीं की जा सकतीं। शब्द की ध्वनि की परिसमाप्ति के बाद ही अर्थ की ध्वनि ग्रहण की जा सकती है। तब शब्द की शब्दता और ध्वनि को कैसे अर्थमय किया जाना चाहिए।

शब्द को ब्रह्म कहा गया है। शब्द का यह ब्रह्म क्या है? शब्द का यह ब्रह्मरूप, वर्णों का संयोजन है जो ध्वनि का परिमण्डल इसलिए विस्तृत करता है ताकि वह अपने वृत्त से बाहर जाये। अपने वृत्त का निर्माण तथा उसका भेदन करने के कारण ही शब्द को ब्रह्म कहा गया है। इसीलिए सवर्णी ध्वनियों से निर्गित शब्द को किसी भिन्नवर्णी या ध्वनि-संयोजनवाले शब्द से बदला नहीं जा सकता है। किसी भी सत्ता को किसी दूसरी सत्ता से नहीं बदला जा सकता है। भाषा में कलम नहीं लगायी जाती। भाषा, वर्णसंकरत्व नहीं वहन कर सकती है। भाषा के प्रति यह दृष्टिकोण रचनात्मकता का है। शब्द को यदि अपने तात्त्विक रूप में ही रहने दिया जाये और तब उसका रचना में प्रयोग हो तो निश्चय ही वह अपनी शब्दता का वल्कल उतारकर अर्थमय हो जायेगा। सही भाषा का तात्पर्य ही यह है। शब्द से अर्थ की ओर जाने की यह शब्दयात्रा किसी पर्याय के द्वारा सम्भव नहीं। पर्यायवाची शब्द के द्वारा काव्य सम्भव नहीं। शब्द का पर्याय स्वयं वही शब्द हुआ करता है। शब्द के अतिरिक्त पर्याय की तलाश का तात्पर्य है काम चलाना। काव्य में कामचलाऊ भाषा या शब्द नहीं, सही भाषा और शब्द की आवश्यकता होती है।

भाषा, भाषा होती है। भाषा न कठिन होती है, न सरल। जिस प्रकार कमल को कठिन फूल कहना और गेंदे को सरल कहना, जो कहा जायेगा वही इस सम्बन्ध में भी कहा जाना चाहिए। प्रश्न यह है कि हम किस रूप में—और किस स्थान पर तथा किस प्रयोजन के लिए भाषा का साक्षात् करते हैं यह महत्त्वपूर्ण है और भाषा का स्वरूप भी इसी से निर्धारित होगा। भाषा में अर्थ, गरिमा, संस्कार आदि प्रयोक्ता के होते हैं। हमें भाषा या शब्दों तक जाना होता है। जिस सामान्य रूप में भाषा या शब्द हम तक आते हैं उनसे काव्यात्मकता की निष्पत्ति या सन्तुष्टि सम्भव नहीं।

अन्त में प्रस्तुत काव्य के बारे में यही कहना है कि यह जून, १९७५ में लिखी गयी और उसके तत्काल बाद आपात्-स्थिति की घोषणा के कारण मुद्रित हो जाने के बाद भी प्रकाशित न हो सकी। एक समय तो यह भी लगा कि यदि 'राज्यकृपा' को इसके मुद्रण की गन्ध भी मिल गयी तो सम्भव है कि यह कभी प्रकाशित रूप में सामने ही न आये। इतिहास ने करवट ली और इसके प्रकाशित होने पर प्रकाशक एवं लेखक दोनों ही मुक्ति का अनुभव करें तो क्या आश्चर्य है! हाँ, ऐसा करने के पीछे इस रचना के वास्तविक प्रयोजन को थोड़े ही रूप में सही, उस भीषण स्थिति का आभास दे सकने का मुझे सन्तोष है।

इति नमस्कारान्ते—
२२ मार्च, १९७७
९९-ए, लूकरगंज, इलाहाबाद-१

अनुक्रम

इतिहास और प्रतिइतिहास

अयोध्या के राजभवन का एक कक्ष। शारदीया रात्रि का प्रथम प्रहर है। बड़े-बड़े दीप-पात्र आलोकित हैं। राम उद्विग्न भाव से कुछ देर टहलते हैं। उपरान्त गवाक्ष की रेलिंग थाम बाहर देखने लगते हैं। अकलंक चाँदनी की अमृत-वर्षा में प्रकृति रम्या लग रही है। कक्ष की एकान्तता में राम का प्रश्नाकुल व्यक्तित्व प्रत्यंचवत उभर आया है।

राम : **क्या यही है मनुष्य का प्रारब्ध? कि**
कर्म
निर्मम कर्म
केवल असंग कर्म करता ही चला जाए?
भले ही वह कर्म
धारदार अस्त्र की भाँति
न केवल देह
बल्कि
उसके व्यक्तित्व को
रागात्मिकताओं को भी काट कर रख दे।

क्या यही है मनुष्य का प्रारब्ध??

क्या इसीलिए मनुष्य
देश और काल की विपरीत चुम्बकताओं में
जीवन भर
एक प्रत्यंचा सा तना हुआ
कर्म के बाणों को वहन करने के लिए
पात्र या अपात्र
दिशा या अदिशा में सन्धान करने के लिए
केवल साधन है?

मनुष्य
क्या केवल साधन है?
क्या केवल माध्यम है??

लेकिन किसका?
कौन है वह
अपौरुषेय
जो समस्त पुरुषार्थता के अश्वों को
अपने रथ में सन्नद्ध किये है?
कौन है?
वह कौन है??

मनुष्य की इस आदिम जिज्ञासा का उत्तर—
किसी भी दिशा पर
कभी भी दस्तक देकर देखो;
किसी भी प्रहर के
क्षितिज-अवरोध को हटाकर देखो
कोई उत्तर नहीं मिलता राम!
दस्तकों की कोई प्रतिध्वनि तक नहीं आती
शून्य से किसी का देखना नहीं लौटता।

दिशा
चाहे वह यम की हो
या इन्द्र की—
जिसे प्राप्त करने के लिए
अनन्तकाल से सप्तर्षि
यात्रा-तपस्या में लीन हैं;
परन्तु
दिशाएँ—
उत्तर की प्रतीक्षा में

स्वयं प्रश्न बनीं
आकाश और ब्रह्माण्ड थामे खड़ी-खड़ी
वृद्ध हो रही हैं
और उत्तर—
स्वयं प्रश्न बना
एकान्त गरुड़ सा
अपर ब्रह्माण्डों के पार
व्योमसिद्ध भाव से चला जा रहा है।

कैसा है यह
सृष्टि का रहस्य,
कैसी है यह
आदिम जिज्ञासा वाली
अग्निपरीक्षा
जो मनुष्य मात्र की नियति है।

मानवीय प्रारब्ध के ललाट पर
यह कैसा अग्नि-त्रिपुण्ड्र लिख दिया गया है कि
चारों ओर
केवल स्वाहा ही स्वाहा की
आवाह-वाणी:
वनस्पतियों से लेकर व्यक्तित्वों तक
सुनायी दे रही है।
कहीं भी चले जाओ
किसी भी
गत या आगत शताब्दी में
असंग या
स्मृतिहीन बनकर
यात्रा
प्रतियात्रा कर आओ

पर
कर्म के इस तटस्थ
भागवत-अनुष्ठान से
कोई मुक्ति नहीं
कोई निष्कृति नहीं!!

पूरे समय
अपने व्यक्तित्व में
यह अग्निपर्व
यह आवाहोत्सव धारण किये रहना
अपने को
प्रतिहवन-कुण्ड बना लेना है राम!
दूब की अनामता से लेकर
अनन्त आयामी
मानवीय प्रज्ञा तक—
अग्नि, जल, वायु
जन्म-मृत्यु के
सदाशिव और पाशुपत श्लोकों में
यह कैसा लीलामय अभिषेक
सम्पन्न हो रहा है।
यही है वह
रुद्रपाठ
जो सृष्टि के
मन्वन्तर-स्वरूप में
अहोरात्र उच्चरित है।

हमारा निजत्व ही
हमारे यज्ञ का वह
होता है—
जो अग्नि, इन्द्र, वरुण, मित्र और पितरों तक

हमें ले जाता है,
जो आक्षण
हमारे श्वास-मन्त्रों से
अभिषेक करवा रहा है।
इस ऊर्ध्व के उत्सव में
शब्द, रंग, गन्ध भी मन्त्र हैं
और महाकाल
इन सबको व्याघ्रचर्म की तरह लपेटे
निरन्तर समयहीन होता जा रहा है।

ध्रुव से ध्रुव तक
धू-धू करती
यह कर्म की
कृत्या—
अपनी अग्नि-गुंजलक में
सारे अक्षांश और देशान्तरों को लपेटे,
जीवमात्र की कण्ठमाल धारे
यह उदारचरिता
महाकाली
एकान्त और कोलाहलों पर आसित है।

ज्वारों के कशाघात सहते
योजनों विस्तार में फैले
सागरों
समुद्रों को कभी देखा है ?
यह कैसी वैश्वानरी विवशता है
जो वनस्पतियों से लेकर
दीपों की एकान्तता
वनों की अगाधता
आकाश की अगम्यताओं तक
अनासक्त भाव से व्याप्त है।

सारे के सारे
विनम्र तथा उग्र वर्चस्व
संकल्पजलों की भाँति
नदियों, प्रपातों के रूप में
इस महाकाली
कर्म-शिवा का अभिषेक कर रहे हैं।

कर्म के इस
अनासक्त
नासदीय स्वरूप से
सूर्यवंशी!
स्वयं सूर्य की भी मुक्ति नहीं
निष्कृति नहीं!!

राम!
आज फिर
एक साधारणजन ने
तुम्हारी राजसी-गरिमा
और चरित्र-मर्यादा की ओर
अपनी अनाम तर्जनी उठायी है।

जब भी
ऐसी तर्जनी उठती है
तब
राजतंत्र और इतिहास
कोलाहल से भर उठते हैं
क्योंकि
वह मात्र अँगुली ही नहीं होती राम!
उसका एक प्रतिऐतिहासिक व्यक्तित्व होता है,
महत्व भी।

हवा में ही सही
परन्तु प्रश्न में उठा
अनाम या
मनुष्य मात्र का हाथ
प्रतिइतिहास होता है राम!
प्रतिइतिहास
सदा अलिखित रहता है
और प्रतिऐतिहासिक
अनाम।

तर्जनी
वह किसी की भी हो
वाणी ही होती है।
यह कोई आवश्यक नहीं कि
शक्ति
केवल मन्त्रों और श्लोकों में ही हो।
अनेक बार
ऐसी ऐतिहासिक अनाम तर्जनी में भी
इतिहास को
प्रतिइतिहास में बदल देने की शक्ति होती है।

राम!
इतिहास भी आग होता है
और आग पर
कोई और नहीं
केवल
पिपीलिका ही चल सकती है,
संज्ञाहीन पिपीलिका!!

साधारणजन के पास
कब भाषा रही है?

वह तो
सदा देह से ही बोलता आया है।
हाथ
झुकाया जा सकता है
पर
एक अनाम साधारणजन की तर्जनी—
समय के पत्रों
और लोगों के इतिहास-निरीह नेत्रों में
जब
एक जलता प्रश्न
उत्कीर्णित कर देती है
जैसे प्रति-शिलालेख हो,
तब
उसे किस राजाज्ञा
या राजदण्ड
या आदेश खुदे शिलालेखों से
अनहुआ किया जा सकता है राम?
और क्यों??

कैसे है?
राजशक्ति पर प्रश्नचिह्न लगाना
विरोधी संकल्प कैसे है??
क्या गरिमा
क्या चरित्र
क्या अधिकार
केवल राज्य
राजपुरुषों या
इतिहास-पुरुषों के ही होते हैं?
अनाम साधारणजन के कुछ नहीं होते राम?

सम्भव है
राजभटों के दस्ते या
जयघोषों में उठे हाथों की उठी भीड़
इस अनाम साधारणजन की तर्जनी को
घेर ले
और उसे
अस्तित्व के कंगूरों से ही
धकेल दे,
सम्भव है
इस इतिहासहीन साधारणजन का
उसके देशज नाम के
छोटे से संज्ञा-इतिहास से भी
वंचित कर दिया जाए
जैसे यज्ञ के लिए
अज कर दिया जाता है,
परन्तु
वर्चस्व की इस प्रामाणिकता को
जो उसे प्रतिइतिहास बनाती है
समूल नष्ट कैसे किया जा सकता है?
जब-जब भी
लोगों को
इतिहासहीन कर देने की चेष्टा की गयी है
तब-तब
वे लोग
अपनी पिपीलिकावत साधारणता के साथ
इतिहास की आग पर चलकर
पुराण-पुरुष बन जाते रहे हैं।

सब कुछ किया जा सकता है
किया भी जाना चाहिए

परन्तु
मनुष्य
उसकी अनाम साधारणता को
इतिहासहीन नहीं।

राम!
अपने को इतिहासहीन बना लेना
कहीं अधिक श्रेयस है;
क्योंकि
जब भी
कोई अज्ञात कुलशील
अनाम साधारणजन
किसी इतिहास-पुरुष के विरुद्ध
तर्जनी उठाने का साहस करता है
तब
वह मात्र विद्वेष ही नहीं होता है राम!
न वह असहिष्णुता ही है;
साधारणता से इतर
सृष्टि में
कहीं कोई सहिष्णुता नहीं।

यह कोई आवश्यक नहीं कि
सत्य
अपनी ऐतिहासिक अभिव्यक्ति के लिए
केवल राजपुरुषों या
पंडितों को ही चुने।
यदि एक अनाम साधारण की तर्जनी ने
सीता के चरित्र पर
प्रश्नचिह्न लगाया है तो
उसे किसी राजाज्ञा के द्वारा

इतिहासहीन बना देने के अपेक्षा
उस अनाम साधारणजन के
इस वाणीहीन
प्रतिइतिहास के सम्मुख
अपनी विधि-मण्डित
ऐतिहासिकता की परीक्षा दो राम!

इतिहास
खड्ग से नहीं
मानवीय उदात्तता से लिखा जाना चाहिए।
क्या होगा
इतिहास को इतना दास बनाकर कि
वह राजभित्तियों पर चित्रित तथा
शिलालेखों पर उत्कीर्णित
हमारी चारण-गाथा लगे;
और जीवन्तता के अभाव में
उन चित्रों, शिलालेखों को
काल
अपने में लीन कर
इतिहासहीन कर दे

नहीं
नहीं राम!
इतिहास को भी वनस्पतियों की भाँति
सम्पूर्ण मेदिनी की
शोभा और गन्ध होने दो,
उसे मानवीय अभिव्यक्ति का
औपनिषदिक पद दो,

व्यक्ति मात्र को
इतिहास से परिधानित होने दो,
लगे कि
इतिहास—
मानवीय विष्णु की कण्ठश्री
वैजयन्ती है।

यदि किसी
एकान्त
भयावह बावड़ी की
काई खायी
जर्जर विद्रूप चट्टानों को फोड़कर
प्रतिइतिहास का तेजस्वी
पीपल-पुरुष
हरहराने लगे तो
उसे चुनौती के स्थान पर
सहज सत्य की अभिव्यक्ति
क्यों नहीं माना जाना चाहिए ?
व्यक्ति
चाहे वह राजपुरुष हो या
इतिहास-पुरुष अथवा
पुराण-पुरुष
मानवीय देश-काल से ऊपर नहीं होता राम!
इतिहास से भी बड़ा मूल्य है
सत्य—
परात्पर सत्य, ऋत—
और
यही तुम्हारी चरित्र-मर्यादा है
ऋतम्भरा व्यक्तित्व है।

प्रतिइतिहास और तन्त्र

राम विचारमग्न, गवाक्ष के पास खड़े हैं। भरत, लक्ष्मण और मन्त्री राष्ट्रवर्धन प्रवेशते हैं। सभासदों की बैठक से बीच ही राम चले आये थे। इन लोगों की आहट पाकर वह उनकी ओर मुड़ते हैं उपरान्त आसन पर बैठ जाते हैं। उनका आदेश पाकर शेष लोग भी विभिन्न आसनों पर बैठ जाते हैं।

राम: क्या हुआ?
सभा ने क्या निर्णय लिया?

भरत: उचित कार्यवाही आवश्यक है।

मन्त्री: प्रभु से यही निवेदन करना था।

राम: उचित कार्यवाही ?
कैसी ?

मन्त्री: पता चला
वह साधारण धोबी है

लक्ष्मण: हाट में दोषारोपण करते
उसे लोगों ने सुना है।

राम: व्यक्ति वह साहसिक है।

लक्ष्मण: यह साहस नहीं
दुस्साहस है।

राम: भरत!
तुम्हारा न्याय क्या कहता है?

भरत: निश्चय ही
यह अनधिकार चेष्टा है।

राम: केवल इसलिए कि
उसने सीता के चरित्र पर तर्जनी उठाई?

मन्त्री: यह क्या कम है?

राम: पर
यदि वह ऐसा ही दोष
किसी अनाम नारी पर लगाता, तो?

भरत: न्याय की दृष्टि में
वह भी अनधिकार चेष्टा ही होती।

लक्ष्मण: देवि की तुलना
किसी अन्य से करना......

राम: हममें से किसी को प्रिय नहीं;
परन्तु राज्य को ?
लक्ष्मण!
हमारे इन राजसी कानों तक
कभी किसी अनाथ
नारी की
असहाय अवमानना आयी है?
राज्य की यह आतुरता
कर्मठता
केवल सीता
या हमारे ही लिए क्यों?
क्यों नहीं
जंगल में लकड़ियाँ बीनने वाली
असहाय
अनाम नारी के लिए
यह तुम्हारी सर्वसत्तात्मक
राजशक्ति तत्पर होती?
लक्ष्मण!
राज्य या न्याय
सम्बन्ध नहीं होता।
सत्ता के गोमुख पर बैठकर
उसके सारे शक्ति-जलों को
अपने ही अभिषेक के लिए
सुरक्षित रखना—
वह कौन-सा दर्शन है लक्ष्मण?

भरत: आप ठीक कहते हैं प्रभु!
राजा को
न्याय को समग्र मानवता के
विशाल परिप्रेक्ष्य में ही देखना चाहिए।

राम: लक्ष्मण!
तुम्हारे राजभट
उसे बन्दी बनाने के लिए
अब तक चल दिये होंगे।

लक्ष्मण: सभा के निर्णय की प्रतीक्षा थी...

मन्त्री: अतः कल प्रातःकाल जाएँगे।

राम: सभा की दृष्टि में
यह गम्भीर अपराध है न?

भरत: अपराध ही नहीं
यह राजद्रोह है

राम: राजद्रोह??
एक सर्वविदित घटना को कहना
राजद्रोह है भरत ?

लक्ष्मण: देवि की अग्नि परीक्षा हो चुकी है...

राम: फिर भी
यदि किसी को शंका हो, तो?
भरत!
क्या यही न्याय है ?

भरत: न्याय समदर्शी होता है प्रभु!

राम: केवल रागदर्शी ही नहीं
उसे तत्वदर्शी भी होने दो।
राजभवनों और राजपुरुषों से ऊपर
राज्य और न्याय को
प्रतिष्ठापित होने दो भरत !
यदि ये तत्वदर्शी नहीं होते
तो एक दिन
निश्चय ही ये भय के प्रतीक बन जाएँगे;
और
तब कौन इसमें
प्रजा बनकर रहना चाहेगा?

राज्य को सामूहिक आकांक्षा का
प्रतीक बनने दो भरत!
प्रजा के भी अधिकार होते हैं।

मन्त्री: बिना कर्तव्यों के
अधिकारों का कोई अर्थ नहीं।

राम: तब मंत्रीवर!
प्रजा का ही
यह कर्तव्य भी है कि
अधिकार में डूबे राज्य और
राजपुरुषों से कहे,
न हो आग्रह करे कि
क्या शुभ है, और
क्या अशुभ।

भरत: प्रभु!
क्या उस धोबी का
यह कर्तव्य नहीं था कि
सार्वजनिक रूप से
इतने बड़े दोषारोपण के पूर्व
कुछ सोचता?

राम: और
उसका यह सोचना
हम या राज्य
तभी मानते
जब वह सोचकर—
कुछ नहीं कहता, है न?

लक्ष्मण: राज्य ऐसे नहीं चला करते।

राम: तो भय से भी नहीं चला करते
लक्ष्मण!
गूँगेपन से कहीं श्रेयस है
वाचालता।

जिस दिन
मनुष्य अभिव्यक्तिहीन हो जाएगा
वह सबसे अधिक
दुर्भाग्यपूर्ण दिन होगा।
कैसा ही इतिहास-पुरुष क्यों न हो
लक्ष्मण!
सामाजिक भाषाहीनता
अभिव्यक्ति की इतिहासहीनता का सामना
नहीं कर सकता
लक्ष्मण! नहीं कर सकता।

रावण से बड़ा इतिहास-पुरुष कोई था लक्ष्मण

इतना अप्रतिम वर्चस्व
अगाध पाण्डित्य
तपस्या से अर्जित परात्पर शक्तियाँ
और निरंकुश व्यक्तित्व

रावण से बड़ा इतिहास-पुरुष कोई था लक्ष्मण?

समस्त दिक्पालों, देवताओं
ग्रहों, उपग्रहों तक पर
सारी दैवी और
मानषी सिद्धियों-समस्याओं पर
जिस महामहिम का आधिपत्य था
ऐसे परम मेधावी
महासम्राट, चक्रवर्ती

रावण से बड़ा इतिहास-पुरुष कोई था लक्ष्मण?

समुद्रघोष की भाँति
जब वह बोलता था, तो

आज्ञा पालन करती
दिशाएँ
प्रतिध्वनित होती थीं।
पूरे साम्राज्य
देश और काल के मन्वन्तरीय फलक में
केवल उसी के पास
वाणी
भाषा और
आदेश थे,
जबकि
शेष चराचर के पास
केवल झुके मस्तक
और आज्ञा सुनते कान थे।
स्वयं ब्रह्मा
जिसे वेदपाठ सुनाया करते थे
ऐसे विद्याधर-अधिपति
रुद्रप्रिय

रावण से बड़ा इतिहास-पुरुष कोई था लक्ष्मण?

दिक्पाल, देवता
नर या किन्नर
गन्धर्व या विद्याधर
कोई था
जो उस कुबेरजित से असहमत हो सकता था?
इस जाज्वल्य आधिपत्य के सम्मुख
सारी भाषाएँ
अभिव्यक्तियाँ
असहमतियाँ
भयातुर विस्फारित नेत्र बन चुकी थीं।

और प्रजा
कहाँ थी प्रजा?
प्रत्येक राजपथ
ग्रामपथ पर
राज्य-भय के सधे पैरों की
दिन-रात पहरा देती
आवाजें ही आवाजें,
और
राजाज्ञाओं के विराट
भयातुर मौन में आबद्ध
एक
अकेला स्वर्ण सिंहासन
और उस पर
राज्यभय के
एकमात्र स्वर्ण प्रतीक सा बैठा हुआ
शक्ति का महाउपासक
एक सम्राट

रावण से बड़ा इतिहास-पुरुष कोई था लक्ष्मण?

और
तब इस प्रचण्डता के विरुद्ध
एक अनाम साधारणजन की तर्जनी सा
असहमति में
अपने ही एक बन्धु का हाथ उठता है लक्ष्मण!
लगा कि जैसे
धरती को फोड़कर
कोई पुरालेख निकल आया हो
जिसे देख-बाँच कर
शक्ति

पीली पड़ जाए।
परन्तु शक्ति—
मानवता या बन्धुभाव कुछ नहीं मानती,
वह तो
आधिपत्य का प्रवाह होती है
जो अपनी अन्धी समतलता में
हिल्लोलित रहती है।

अपने ही बन्धु के उठे हाथ को
इतिहासहीन कर देने के लिए
सारे सभासदों
दिक्पालों, देवाओं और
शक्तियों के सम्मुख
वह हाथ
राज्य की देह से
जैसे काट दिया जाता है—
निष्कासित कर दिया जाता है।
झुके मस्तक
और विस्फारित नेत्रों वाली प्रजा में
एक ऐतिहासिक सन्नाटा
मानवीय शंका और
मूल्यगत आसन्नता कौंध जाते हैं।
प्रतिइतिहास को
अभिव्यक्तिहीन
भाषाहीन और
स्वत्वहीन बना देने वाले
अप्रतिम प्रतापी

रावण से बड़ा इतिहास-पुरुष कोई था लक्ष्मण?

लेकिन
हमने क्या
मात्र सीता की प्राप्ति के लिए ही
उस आदित्य-प्रभा वाले सम्राट का विरोध किया ?
क्या वह
उद्‌भट-विकट युद्ध
केवल वैयक्तिकता के लिए ही लड़ा गया था ?
दक्षिण के कोटि-कोटि
नर-किन्नर-वानरों ने
क्या
हमारी किसी पारिवारिक विषमता के लिए
ऐतिहासिक सहयोग दिया था ?
क्या
इतिहास को हमने
वैयक्तिकता के लिए माध्यम बनाया था ?
नहीं
नहीं लक्ष्मण!
अनाम लोगों और
भयातुर, प्रताड़ित प्रजा ने
अपने स्वत्व
स्वाधीनता, अभिव्यक्ति और
जीवन-मूल्यों तथा आदर्शों के लिए
प्राणार्पण किया था,
एक चक्रवर्ती के विरुद्ध
साधारणता ने
युद्ध का आवाहन किया था।

और आज
जब एक अनाम साधारण जन
हमारी राज्य-गरिमा

और चरित्र-मर्यादा की ओर
प्रतिइतिहास के प्रकम्पित ध्वज सी
तर्जनी उठाता है
तब मैं
मेरा यह साम्राज्य और
राज्यशक्ति के ये सारे
आधार-स्तम्भ
साधारणता को
इतिहासहीन कर देने का संकल्प करते हैं ?
लक्ष्मण!
तब मुझमें और रावण में
क्या अन्तर रह जाता है ?
नहीं
ऐसा कदापि नहीं होगा बन्धुओ!
मानवीय स्वातन्त्र्य
मानवीय भाषा और
मानवीय अभिव्यक्ति के
प्रतिइतिहास का सामना
वैसी ही
मानवीय प्रतिगरिमा के साथ
करना होगा लक्ष्मण!
प्रतिइतिहास को इतिहास से नहीं
विनय से स्वीकारना होगा।

मनुष्य के बोलने का अर्थ जानते हो ?
यह धूप का महोत्सव
दाक्षिणात्य चन्दनगंधी हवाएँ
गन्धमादन की पुष्पीय विपुलता
वानस्पतिकता का उदार
विपुल परिवार

आकाश-गंगा से लेकर
ग्राम्य-गंगा तक की यह
सम्पूर्ण विराट-विनम्र
सृष्टि—
किसके माध्यम से बोलती है लक्ष्मण ?
कौन है सृष्टि की बाँशी-भाषा ?
बन्धु!
मनुष्य,
एक मात्र मनुष्य ही
सृष्टि की जिह्वा है।

मनुष्य के बोलने का अर्थ जानते हो ?

शेष सबके पास
केवल आभास हैं
ध्वनियाँ हैं
संकेत हैं
परन्तु भाषा—
व्याकरण और अर्थ-गन्ध से युक्त भाषा—
देश और काल को
वहन तथा अभिव्यक्त करने वाली
गायत्री स्वरूप
महाशक्ति
भाषा—
केवल मनुष्य के ही पास है।
चाहे वह देवभाषा हो या
माटी-भाषा;
मनुष्य का भाषाहीन हो जाना
सृष्टि का
ईश्वरहीन हो जाना होगा लक्ष्मण!

ये सारे मन्त्र
ये सारे काव्य
ये पुराण; ये उपनिषद
ये इतिहास, ये उपाख्यान
सब सम्बोधनहीन हो जाएँगे।
जिह्वाहीन हो जाएँगे लक्ष्मण !
जड़ता
सम्बोधनहीनता ही तो है।

मनुष्य के बोलने का अर्थ जानते हो ?

मनुष्य के बोलने से
प्रकाश
आकाश से अवतरित होता है।
सूर्य और सृष्टि के बीच
ये राज्य
ये इतिहास किसी को मत लाओ
लक्ष्मण! किसी को मत लाओ
ऐसे ही बोलते हुए
एक दिन मनुष्य
निश्चय ही ईश्वर हो जायेगा।

मनुष्य के बोलने का अर्थ जानते हो ?

भरत: तब प्रभु का क्या निर्णय है!
राम: निर्णय ?
प्रतीक्षा करो भरत!
किसी के भाग्य का निर्णय
आसक्त या पक्षधर बनकर नहीं,
बल्कि
निर्वेद की भूमि पर खड़े होकर ही

न्याय
निर्णय
सबका अधिकार प्राप्त किया जा सकता है।
भरत!
अन्य सारी भूमियाँ
आसक्ति की भूमियाँ हैं—
केवल निर्वेद!!
केवल निर्वेद ही अनासक्ति है!!

[सबका विदा होना]

शक्ति : एक संबंध, एक साक्षात्

शयनागार में मन्द दीपालोक है। अर्धरात्रि का समय। शारदीया चाँदनी स्फटिक सी खिल आयी है। सीता पर्यंक पर बैठी हैं परन्तु राम उद्विग्न भाव से गवाक्ष के पास खड़े हैं। सीता, राम को खिन्न, उदास देख कर बोलने लगती हैं।

सीता: आज आप उद्विग्न क्यों हैं आर्यपुत्र?
राम: उद्विग्न?
नहीं सीता। उद्विग्न नहीं हूँ।
सीता: तब चिन्तित होंगे।
राम: चिन्तित?
हाँ, चिन्तित हो सकता हूँ।
सीता: फिर किसी
राजनीतिक समस्या अथवा
राजकीय चिन्ता को लेकर?
राम: व्यक्ति
राजनीति और राज्य—

इन्हें पृथक कर पाना
इतना सरल है सीता?

सीता: लेकिन
व्यक्ति वह कोई हो
उसे इतना अधिक सामाजिक नहीं होना चाहिए।

राम: कितना अधिक?

सीता: इतना कि
वह वैयक्तिक क्षणों में
एक सामाजिक समस्या लगे
और सामाजिक अवसरों पर
वैयक्तिक मुद्रा।

राम: क्या मैं ऐसा लगता हूँ?

सीता: भले ही नहीं।
परन्तु
प्रत्येक स्थिति का
अपना एक एकान्त
एक निजत्व...

राम: तब तो
एक नियति भी कहो सीता!

सीता: क्या सबकी
अपनी-अपनी नियति नहीं होती!

राम: होती है
और उसे हमने भोगा भी है सीता!
वनों में
एकान्त उपत्यकाओं में
वानरों-राक्षसों के बीच
इस नियति को
संभाव्य-असंभाव्य
किस-किस रूप में नहीं भोगा है प्रिये?
तभी तो मैं चिन्तित हूँ, कि
यह कैसा विधान है—

हम प्रत्येक बार
अथाह
अशान्त समुद्रों को चीर
क्षत-विक्षत
ज्यों ही शान्त तट पर
पहुँचने को होते हैं, कि
एक घटना
एक व्यक्ति
फिर हमें तूफानों के उबलते
उफनतेपन में फेंक जाता है;
और हम
जल की विशाल हिल्लोलता में
विवश नारिकेल से
डूबने-उतराने लगते हैं।
हमारा सारा व्यक्तित्व
सारा पुरुषार्थ
कैसा दिशाहारा हो जाता है सीता!
उस उतने बड़े यात्रा-पुरुषार्थ
और
यज्ञ-अरणियों की भाँति
एक-एक कर तुलते गये,
मानवीय-उद्यम की व्यर्थता
जब आपके सामने
फिर नया संघर्ष खोल दे
तब आप क्या करेंगे?
कोई क्या करेगा सीता?

यह कितनी क्रूर और
अमानुषी लीला है प्रिये!
जो प्रत्येक बार

हमारे और तुम्हारे बीच
आकाश की ऊँचाइयाँ छूती
एक अभेद्य
प्राचीन किले की
अन्धी
मृत, बुभुक्षित प्राचीर
प्रतिप्राचीर सी आ खड़ी होती है।
जिससे हम
केवल टकराते हैं।
लौट-लौट कर टकराते हैं
और टूटते हैं
टूटते ही चले जाते हैं।
व्याकुल लहरों का यह टूटना ही
लौटते में
समुद्र बनता जाता है।
यह
मानवीय पुरुषार्थ की विडम्बना नहीं तो
और क्या है सीता!

यही वह पुरस्कार है
जो राज्यों
पदों के रूप में
इतिहास के हाथों
हमें प्राप्त होता है
जो हमें इतिहास-पुरुष बनाता है।
इन ऐतिहासिकताओं के लिए
व्यक्तित्व का यह कितना बड़ा
हाहाकार भरा
दुर्दान्त मूल्य है सीता!
कितना बड़ा!!

यह महालीला
यह विधान
यह खेल
हमें आद्यन्त मँथ कर
हममें से बीत कर
कल का इतिहास और
भविष्य का पुराण बनता जाता है
सीता! तुम्हें नहीं लगता कि
प्रत्येक क्षण
हमें कोई
झरते पत्रों
खिलते फूलों
टूटते प्रपातों और
तपते मरुस्थलों पर लिख रहा है?
व्यक्ति की
यह कैसी स्वत्वीय उपादेयता है सीता ! कि
काल
उसे अपने उपनिषद में
मात्र एक वाक्य के रूप में उपयोग कर
अज्ञात शून्य में फेंक देता है।

यह क्या है?
यह महालीला
यह विधान
यह खेल
यह प्रारब्ध
ये सब क्या हैं?
ये सब क्यों हैं?

सीता: आप क्या कहना चाहते हैं नाथ!
मैं समझी नहीं ?

राम: प्रकृति का यह विधान
सृष्टि का यह महारास
किसी के समझने के लिए
नहीं सम्पन्न हो रहा है प्रिये!
देखो
कैसा आक्षण
कहीं सशब्द तो
कहीं नितान्त मौन घटित हो रहा है
कहीं वह
माधुरी भाव से उत्सवित है, तो
कहीं रौद्र, कापालिक बनकर
अमांगलिक,
सृष्टि में
मंगल-अमंगल का भेद नहीं होता।

हम
इतिहास की केवल वनस्पतियाँ भर हैं
हमारे चलने से सीता
थोड़ी सी धरती सुन्दर हो उठती है,
हम
सम्भवतः एक छोटी सी सुगन्ध वहन कर सकते हैं
इस,
इससे अधिक कुछ नहीं।
प्रयास कितना ही कर लें
परन्तु इससे अधिक
इतिहास-पुरुष भी नहीं।
कैसा ही पुरुषार्थ
आगत्या सीमा ही है सीता!
और यह महालीला
यह महारास

यह विधान
यह खेल
यह प्रारब्ध—
अनन्त देवगंगाओं के पार भी
असीम है
अक्षत है।

सीताः लगता है
यह किसी घटना की भूमिका है
क्योंकि बाहर जाने के पूर्व
व्यक्ति
भीतर की यात्रा सम्पन्न करता है।
जितना दूर जाना होता है
उतना ही स्वत्व में पैठना होता है
आर्यपुत्र!
आपको नहीं लगता कि
विपरीतता ही उत्सव है?

रामः तुम्हें ऐसा लगता है?
सीता!
यहाँ केवल निमित्त बदलते हैं
और कुछ नहीं।
एक ही नाटक
व्यक्ति के जीवन में
बारम्बार दुहराया जाता है।
स्थान बदल सकते हैं
भूषाएँ, मुद्राएँ भी बदल सकती हैं
पर नाटक
वस्तुतः वही रहता है
चाहे वह पंचवटी हो
या अयोध्या का राजभवन।
जो नहीं बदलते

वे मुख्य पात्र हैं।
मात्र निमित्त
परिवेश के बदले जाने से
परिणाम नहीं बदला करते सीता!

सीताः आपकी इन बातों का
क्या प्रयोजन है आर्यपुत्र?

रामः सीता!
तुम्हें नहीं लगता कि
हमारे वाद्य में
केवल
एक ही राग आज तक बजता रहा है—
विषाद का?
तुम्हें प्रत्येक बार
चाहे वह विवाह हो
या युद्ध
पाने की चेष्टा में
खोता ही गया हूँ प्रिये!
द्वार पर
एक अनाम साधारण जन
फिर साँकल बजा रहा है
यही वह आवाज है
जिसे मैं नहीं सुनना चाहता था
परन्तु
यह कैसा नाटक है सीता!
जहाँ कोई अभिनेता स्वतन्त्र नहीं!
भले ही हमारे द्वार पर
रावण दस्तक दे
या अनाम साधारण जन।
कभी इस प्रकार के मांगलिक आरम्भ की
कल्पना की थी प्रिये! कि

सप्तपदी के बाद
तुम्हारे ये रक्त अलक्तक चरण
इक्ष्वाकुओं के राजभवन के
संगमरमरी सुगन्धित दालानों में नहीं
वरन
निषाद, गुह और राक्षसों से भरे
असुरक्षित
अगम अरण्यों की ओर बढ़ेंगे?
चीनांशुक वल्कल में परिणत हो जाएगा
और हम
अपने राजसी कुल-गोत्र को
खण्डित यज्ञोपवीत की भाँति उतार
साधारण अनामता धारण कर
नितान्त पृथिवीपुत्र कर दिये जाएँगे।
हमारे वैवाहिक जीवन का
यह कैसा राजसी समारम्भ था प्रिये!

कभी इस प्रकार के मांगलिक आरम्भ की
कल्पना की थी वैदेही! कि
सब कुछ वही रहता है—
बन्धु, कुल-कुटुम्ब
परिवार-पुरजन
राज्य-साम्राज्य
सब कुछ वही रहता है
केवल हम ही
असंख्य पगडण्डियों भरी
धरती की विस्तीर्णता में
वनस्पतिवत खड़े कर दिये जाते हैं
जैसे
हम यात्रा करते वृक्ष हों।

स्वेच्छा से वरण कर लिये जाने पर
निष्कासन
उपेक्षा, अवमानना
सब तपस्या हो जाते हैं सीता!
पर
इससे उनकी प्रकृति
या परिणाम नहीं बदल जाते।
हमारे सबकी शक्ति
केवल सन्दर्भ की शक्ति है सीता!
सन्दर्भ की पहचान खोकर
हमारे पास
केवल साधारणता बचती है।
कभी इस प्रकार के मांगलिक आरम्भ की
कल्पना की थी वैदेही?

अत्यन्त आभारी हूँ
उस अदृश्य का
जिसके कारण
पृथिवी
पृथिवी के अनाम
असंख्य साधारण लोग और
कष्टों भरे जीवन से परिचित हो सका।
क्या मैं राजकुमार
या सम्राट बनकर
इस साधारणता का कभी साक्षात कर सकता था?

सीता!
सुख का एक ही प्रकार होता है
परन्तु दुःख
कैसा बहुरूपी है।

कहीं भी चले जाओ
किसी का भी द्वार खटखटाओ
केवल दुःख की ही प्रतिध्वनि आएगी
सीता!
सम्भवतः दुःख ही प्रभु है।
सुखी है वह निषाद
सुखी है वह शबरी
जो पदार्थ भाव से ऊपर हैं;
परन्तु हम तो
देश और काल की
समस्त प्रभुता
सम्पन्नता और सम्पदा
अपने अंग पर धारण करना चाहते हैं।

हम का यह विस्तार
हम की यह प्रभुता ही
आसुरी भाव है
रावणत्व है।

उस स्वर्णप्रिय सम्राट के लिए
तुम
मात्र कौस्तुभ थीं।
पृथिवी-श्री को
वह पदार्थप्रिय, राज्यश्री बनाना चाहता था।
वह तुम्हारे परात्पर शक्ति स्वरूप से
सर्वथा अपरिचित था
तभी तो वह समुद्रजित
तुम्हारे तिनके की ओट नहीं लाँघ सका।
अनाम घास की पत्ती की वह ओट
मन्वन्तरों की दूरी थी

जिसमें वह नगण्य हो गया था।
तुम
उसके व्यक्तित्व की स्वाहा थीं;
युद्ध तो केवल
ऐतिहासिक पुष्टि के लिये हुआ था।

सीता!
आज फिर एक अनाम साधारण जन ने
तुम्हारी चरित्र मर्यादा की ओर
तर्जनी उठायी है।
मैं जानता हूँ
मन्त्र-शक्ति से अपरिचित व्यक्ति का
मन्त्रोच्चारण करना क्या होता है।
पर
इतिहास और पुराण की सन्धि पर खड़ा
मैं
घटनाओं का कोलाहल सुन रहा हूँ।
नहीं जानता कि
पौराणिक उपाख्यान बनना श्रेयस होगा
अथवा ऐतिहासिक तारीखें।
यह कैसी विडम्बना है प्रिये! कि
शक्ति का उत्तर तो
प्रतिशक्ति से दिया जा सका
परन्तु
इस सर्वथा साधारणता का
क्या उत्तर हो सकता है?
साधारणता के इस
नारायण को
किस प्रतिनारायण की अपेक्षा है सीता?

सीता: मुझे अवगत था
आर्यपुत्र!
आरम्भ से ही मुझे इसकी प्रतीति थी
कि मुझे
इतिहास और
इतिहास-पुरुष के पार्श्व में
केवल एक प्रतिमा सा खड़ा होना है।

जिस दिन
प्रथम बार पुष्पवाटिका में
आपके आकाशवर्णी पुरुष को देखा था—
क्षणान्त में ही
मेरे रोम-रोम
शिरा-उपशिरा
आकण्ठ व्यक्तित्व में
यह गायत्री-सत्य
अनुस्यूत हो गया था, कि
मैंने किसी
सामान्य राजकुमार के नहीं
वरन
एक यज्ञ-पुरुष के दर्शन किये हैं,
क्योंकि उस व्यक्तित्व की गन्ध में
फूलों की कमनीयता तथा
मन्त्रों की पवित्रता थी।

विशालता और वैराट्य
भिन्न दिशाओं की ओर जाने वाली
भाव भूमियाँ हैं।
मैं पृथिवी और
आप आकाश—

हमारी युति
हमारी सन्धि
सदा अप्राप्य क्षितिज ही रहेगी,
परन्तु
इसके अतिरिक्त
पृथिवी अथवा
पृथिवीसुता की अन्य कोई गति भी नहीं आर्यपुत्र!
एक ही अयन में
सूर्य का अपनी रात्रि के साथ
परिक्रमा करना—
यही तो हम हैं आर्यपुत्र!

पिनाकजयी के ऊर्ध्व वैराट्य को
पृथिवीसुता की विशालता
कैसी ही माला की मेखला
क्यों न डाल दे
आकाश
अप्राप्य ही रहता है।
भोग—
योग को
अनासक्ति की
स्वयं भस्म होकर
केवल आच्छादित कर सकता है
परन्तु
उसे आसक्ति में परिणत नहीं कर सकता।

एक सीमा तक ही
पृथिवी
ऊर्ध्वगामी हो सकती है
और ऊर्ध्व वैराट्य

कितना ही विनम्र
आसक्त, कृपावान
क्यों न हो जाए
क्षितिज पर पहुँच कर
फिर असंग
अनासक्त
नील आकाश हो जाने के लिए बाध्य है।
पृथिवी की नियति ही है कि
उस पर
पदचिह्नों के अधूरे आलेख
विस्मृत गाथाएँ और
आख्यान ही आख्यान लिखे हों
चाहे वह मात्र दुःख के ही क्यों न हों।
जबकि आकाश
पक्षियों को लौटा कर
सारे मेघवस्त्रों को उतार
सम्बन्धहीन
अनागारिक संन्यासी की भूमिका में
शोभा पाता है।

जब प्रकृतियाँ विपरीत होती हैं
जब नियतियाँ भिन्न होती हैं
तब आर्यपुत्र!
ये इतिहास के नहीं
पुराण के लक्षण होते हैं!
तब यही होता है—
वह राज्याभिषेक में विघ्न
वह वनवास
वह पंचवटी
वह अशोक-वाटिका वाली प्रतीक्षा

वह युद्ध
यह सम्राज्ञी स्वरूप
मेरा आज का
यह आसन्न मातृत्व
सब मात्र पड़ाव हैं
यात्रान्त नहीं
पटाक्षेप भी नहीं।
यह नहीं लगता कि
ये सारी घटनाएँ
ये प्रसंग
हमारे दाम्पत्य जीवन के अविभाज्य अंग थे
बल्कि
किसी प्राचीन उपाख्यान के लगते हैं—
जिनकी हमें स्मरण है।

आर्यपुत्र!
किसी के मोह का
यहाँ कोई अर्थ नहीं
और
फिर आप??
जो जीवन भर
इतिहास की प्रत्यंचा पर
केवल
बाण की मर्यादा बन
चढ़ा रहा
और असंग भाव से
दिशाएँ सन्धानित करता रहा
भले ही वह दिशा
पिता की रही हो
अथवा माता की
परिवार की रही हो

अथवा पत्नी की,
राज्य की रही हो
अथवा बनवास की,
मित्र की रही हो
अथवा शत्रु की—
बाण की तरह
जिसके लिए जीवन
निरन्तर सन्नद्ध युद्ध का पर्याय रहा हो
उसके लिए तो मोह
दीमक खाये आच्छद की भाँति है
जिसे वृक्ष तक नहीं सहन करते !
व्यक्ति
जब इतिहास को समर्पित हो जाता है
तब ऐसी त्रासदी का घटना
अनिवार्य हो जाता है आर्यपुत्र!
क्योंकि
इतिहास उसे और
वह इतिहास को
निरन्तर तराशते रहते हैं
और
दोनों टूटते हुए निर्मित हो से जाते हैं।
मैंने आपको
इतिहास से व्यवहार करते देखा है
और इस तराश में
आप जितने टूटे तथा
निर्मित हुए हैं
उसकी मैं साक्षी भी रही हूँ आर्यपुत्र!
समुद्र को बाँधने से भी
बड़ा तथा
रावण के विरुद्ध

जनमत को तैयार करना,
और उससे भी कहीं अधिक
दुष्कर था
रावण के विरुद्ध उसे
एक प्रतिइतिहास-शक्ति के रूप में
निर्णयात्मक स्थिति में खड़ा कर देना;
परन्तु आर्यपुत्र!
व्यक्ति
जब इतिहास को समर्पित हो जाता है
तब ऐसी त्रासदी का घटना
अनिवार्य हो जाता है
क्योंकि
इतिहास
घटनाओं के बीत जाने पर
उस खाली तूणीर जैसे व्यक्ति को
मात्र एक शीर्षक के रूप में प्रयोग कर
आगे बढ़ जाता है और
पृष्ठ पलट जाता है

आज यह चिन्ता क्यों?
आप में कब वैयक्तिकता थी आर्यपुत्र?
किस दिन
हमने नितान्त वैयक्तिक जीवन जिया?
इतिहास ने
यज्ञ-पुरुष को कब एकान्त दिया?
राजभवनों में
व्यक्ति नहीं
इतिहास-पुरुष चला करता है आर्यपुत्र! और
मार्गों, वनों, तपोवनों में
यज्ञों-ऋषियों का रक्षक।

आपके लिए
हम या
हमारे ये सम्बन्ध
कब अर्थ रखते थे?
मैं जानती थी आर्यपुत्र! कि
इतिहास के निर्माता
घर-परिवार की भाषा में
बातें नहीं किया करते
उन्हें तो दुर्गों, प्रासादों और युद्धों का व्याकरण ही
कण्ठाग्र होता है,
तभी तो
आरम्भ से ही मैंने
आपको नहीं
स्वयं को बन्धन में बाँधा
क्योंकि
मुझे तो
इतिहास और
इतिहास-पुरुष के पार्श्व में
केवल एक प्रतिमा सा खड़ा होना था।

एक अनाम साधारणजन ने
मेरी चरित्र-मर्यादा की ओर
तर्जनी उठायी है
और आपकी राज्य-गरिमा
किस आसक्ति के कारण व्याकुल
और क्यों?

राज्य न्याय और राष्ट्र
व्यक्तियों तथा
सम्बन्धों से ऊपर होने ही चाहिए।

यदि
यह उस
अनाम साधारणजन का विश्वास है
जिसे उसने निर्भय अभिव्यक्त किया है
तो राज्य, न्याय तथा आपको
उस अनाम प्रजा के विश्वास की
अभिव्यक्ति की
रक्षा करनी चाहिए।
भले ही वह अकेला स्वर क्यों न हो
भले ही वह किसी आप्तजन का विश्वास न हो
भले ही उसके कारण
मुझ पर
या राज्य के शीर्षतम व्यक्ति पर ही
आँच क्यों न आती हो
आर्यपुत्र!
यदि सभासद
मन्त्री और आपके बन्धु
उसके साथ अन्याय कर रहे हों, तो
आपको
मुझे और
इस राज्य को भी त्याग कर
उस अकेले व्यक्ति के पक्ष का समर्थन करना चाहिए।
मैं या
कोई भी
राष्ट्र-न्याय और सत्य से बड़ा नहीं।
मेरी ओर से
आपको सर्वथा आश्वस्त होना चाहिए आर्यपुत्र! कि
आसन्न मातृत्व के
इस संकट की स्थिति में भी
मैं आपकी राज्य-गरिमा

और अपनी चरित्र-मर्यादा के लिए
कोई सी भी परीक्षा दे सकती हूँ
पर प्रजा के विश्वास की
निर्भय अभिव्यक्ति की रक्षा अनिवार्य है।

साधारणता के इस नारायण को
आर्यपुत्र!
न्याय के प्रतिनारायण की अपेक्षा है
और मुझे भी!!

[राम अवाक देखते रहते हैं]

प्रतिइतिहास और निर्णय

राजदरबार।

भरत, लक्ष्मण, शत्रुघ्न, मन्त्री-परिषद के सदस्य, अन्य सभासद तथा कुछ विशिष्ट जन आज के इस असामान्य ऐतिहासिक दरबार-आयोजन में उपस्थित हैं। पृष्ठभूमि में राम की जयकार होती है। महाराज राम दरबार में उपस्थित होते हैं। प्रतिहारी उद्घोषणा करता है। सब उठ खड़े होते हैं। राम के सिंहासन पर बैठने के उपरान्त शेष सब यथास्थान बैठ जाते हैं। दरबार में कुछ क्षण को हलचल होती है। वातावरण अत्यन्त गम्भीर है। महाराज पर परिचारिकाएँ छत्र-चामर डुला रही हैं।

लक्ष्मण उठकर न्याय-मंच पर पहुँचते हैं। सभा में पूर्ण निस्तब्धता छा जाती है।

लक्ष्मण: महाराज!
गुरुवर वशिष्ठ जी!
मन्त्रीगण!
सभासद वर्ग! तथा

अन्य उपस्थित जन!
महाराज की आज्ञा तथा
मन्त्री-परिषद एवं सभासद वर्ग की ओर से—
अभियुक्त की अनुपस्थिति में,
जिसे महाराज की इच्छा के विरुद्ध
न्याय को बाध्य होकर बन्दी बनाना पड़ा,
उस अभियुक्त के सम्बन्ध में
गम्भीर अभियोग के रूप में
मैं
एक ऐतिहासिक प्रतियोग प्रस्तुत करना चाहूँगा।

सभा तथा मन्त्री-परिषद ने
स्थिति की गम्भीरता और
प्रवाद की प्रासंगिकता तथा
अवसर के औचित्य को ध्यान में रखकर तथा
उससे उत्पन्न हो सकने वाले
भावी परिणामों की सम्भावना देखकर
विचार किया और
अपना तर्कसंगत तथा न्यायपूर्ण अभिमत
महाराज तक निवेदित किया।

एक अनाम साधारण धोबी ने
सार्वजनिक रूप से
सम्पूर्ण अनुत्तरदायित्वता के साथ
महादेवी सीता के
परीक्षित अकलंक चरित्र पर
अविवेक पूर्ण शंका उठायी है
जिसका
न कोई अवसर था और
न ही कोई मूल्यगत प्रयोजन।

हमें और
आप सबको
जो यहाँ उपस्थित हैं तथा
वे, जो यहाँ अनुपस्थित हैं
यह विदित ही है कि
महाराज तथा राज्य ने
इस सहज, सामान्य मानवीय शंका के
निवारण हेतु
अनपेक्षित ही
देवि की
पहले ही अग्निपरीक्षा
सार्वजनिक रूप से ले ली थी।
यह मेरा निज का अभिमत है
परन्तु सम्भव है बन्धुओ!
आप सब भी
इससे सहमत हों कि
इस अनपेक्षित, अवांछित
अग्निपरीक्षा के द्वारा
हमने
महादेवी के उज्ज्वल, निष्कलुष
देवता-तुल्य स्फटिक चरित्र के प्रति
न केवल
अविश्वास ही प्रकट किया
बल्कि
उनके नारीत्व का अपमान भी।
उनके स्वत्व के तिरस्कार को
न्यायोचित ठहराने के लिए
हमारे पास
न तो कोई विधि-सम्मत तर्क है और
न ही कोई बचाव की भाषा।

हमें
अगत्या स्वीकार ही करना होगा बन्धुओ! कि
हम इतिहास-दोषी हैं।
प्रकारान्तर से
हमारे इस अमानुषी कृत्य के द्वारा
समस्त नारी जाति के चरित्र और स्वत्व पर
कभी न मिट सकने वाला
एक ऐतिहासिक प्रश्नचिह्न लगा।
मानवता
हमें चाहे और किसी बात के लिए
स्मरण न करे,
समय
हमें चाहे इतिहासहीन कर दे
परन्तु बन्धुओ!
भावी मानवता और इतिहास
अकेले इस कर्म के लिए ही
हमें कभी क्षमा नहीं करेंगे।

मैं यह स्पष्टीकरण नहीं दे रहा हूँ
बल्कि मित्रो!
एक कठोर मानवीय वास्तविकता को
रेखांकित करना चाहता हूँ, कि
हम सबको
अनेक अनसोचे कारणों,
सामाजिक दबावों,
यथार्थ के दुराग्रहों तथा
कल्पनाप्रसूत ऐतिहासिक इच्छाओं के सम्मुख—
सम्पूर्ण अनिच्छा के बावजूद
न केवल
नतमस्तक ही होना पड़ता है

बल्कि
अनेक अप्रिय
अमानुषी कार्य भी सम्पन्न करने होते हैं—
युद्ध
ऐसा ही एक अमानुषी उदाहरण है।
इतिहास और पुराण
मेरी इस बात के
प्रमाण तथा साक्षी हैं कि
राजमुकुट वाले शीर्षजनों से लेकर
नंगे पैरों चलने वाले व्यक्ति तक—
नतमस्तक तथा इतिहास-विवश होने के लिए
बाध्य हुए हैं।

फिर भी बन्धुओ!
आप सबकी सहमति तथा आज्ञा से
हमारी उस इतिहास-विवशता तथा
ऐतिहासिक अप्रिय कार्य के लिए
इस अवसर पर
मैं
महादेवी सीता से
विनम्र क्षमाप्रार्थी हूँ।

यह कैसी विवशता है मित्रो! कि
उसी अग्नितपी
महिमा-मण्डित
पूर्णपरीक्षिता महादेवी के
देवता-तुल्य तेजस्वी चरित्र पर
एक अनाम साधारण जन
फिर अपनी शंका-तर्जनी उठाता है।
आप इसे क्या कहेंगे?

इतिहास
इस अनुत्तरदायित्वपूर्ण आचरण को
किस रूप में स्मरण करेगा?

मैं मानता हूँ कि
इस अनुत्तरदायित्वपूर्ण आचरण की
उपेक्षा की जा सकती थी
की भी जानी चाहिए थी;
क्योंकि
यह न केवल अशोभनीय ही नहीं है,
यह न केवल अन्यायपूर्ण ही नहीं है,
यह न केवल असम्मानजनक ही नहीं है,
बल्कि
यह एक विश्वासपूर्ण विद्वेष है
यह एक सुनियोजित अभिव्यक्ति है।
तब—
क्या इसकी उपेक्षा की जा सकती थी?
तब—
क्या इसकी उपेक्षा की जानी चाहिए थी?

षड्यन्त्र न भी सही
तो भी
इस शंका के
राज्य और राष्ट्र के सन्दर्भ में
दूरगामी गम्भीर परिणाम निकल सकते थे।
बन्धुओ!
स्वाधीनता और
अभिव्यक्ति स्वातन्त्र्य का अर्थ
यही नहीं होता कि
हम अपने व्यक्तिगत राग-द्वेषों

आधारहीन अभिमतों
वक्तव्यों और शंकाओं को
सार्वजनिक रूप से
आक्षेपात्मक वाणी दें
जिससे
सामान्य जन-जीवन
राज्य और राष्ट्रीय गरिमा तथा
शीर्षतम व्यक्तियों की चरित्र-मर्यादा पर
आँच आये।

यह स्वाधीनता नहीं है बन्धुओ!
स्वतन्त्रता का अर्थ
अराजकता नहीं होता।
अराजकता
अपराध से भी गम्भीर होता है
क्योंकि
वह राजद्रोह की जननी है
यदि
यह मात्र अपराध होता
तो मन्त्री-परिषद का न्याय और निर्णय
सर्वोपरि होता,
परन्तु आप भी मुझसे सहमत होंगे बन्धुओ! कि
यह राजद्रोह है।
इसके कारण
चारित्रिक, नैतिक तथा मूल्यगत
संस्कारों तथा मान्यताओं पर
उस शंका-तर्जनी ने
विद्वेषपूर्ण
एक ऐतिहासिक प्रश्नचिह्न लगा दिया है
जिसकी उपेक्षा या

अवमानना करना
राष्ट्रीय तथा
सामान्य जन-जीवन की दृष्टि से
पहले वाले से भी अधिक गुरुतर
हमारा ऐतिहासिक अपराध होगा।

अत: मैं
मन्त्री-परिषद
सभासद वर्ग तथा
आप सब की ओर से
महाराज से निवेदन करूँगा कि
एक सामान्य जन की
अनुत्तरदायित्व तथा विद्वेषपूर्ण शंका तथा
राष्ट्र की शीर्षतम नारी की चरित्र-गरिमा को
प्रतिसम्मुख रखकर
अपना निर्णय दें।

न्याय
व्यक्तियों को नहीं,
सम्बन्धों को नहीं, बल्कि
उत्पन्न स्थितियों को देखता है, और
हमें तथा
इतिहास को इसी की प्रतीक्षा है:

[दरबार में निस्तब्धता छा जाती है। लक्ष्मण अपने आसन पर लौट आते हैं। राम, तब विचारमग्न भाव से, न्याय-मंच की ओर बढ़ते हैं। दरबार यथावत आसन्न है।]

राम: गुरुवर!
मन्त्रीगण!
सभासदवृन्द और सज्जनो!

राज्य या न्याय
धर्म या नैतिकता
इतिहास या पुराण
ज्ञान या दर्शन
इन सबकी
दृष्टियों का, गन्तव्यों का
अर्थ और प्रयोजन
क्या मनुष्यता से ऊपर या इतर
हो सकता है?
मानवीय जगत से बड़ी है
प्राणिमात्र की सृष्टि।
इतिहास से भी अधिक महत्वपूर्ण है
सृष्टि के
वे वानस्पतिक उपाख्यान
जो भाषाहीन भाषा में लिखे जाते हैं
जो घटनाहीन घटना में घटित होते हैं।
इसीलिए
जब कोई व्यक्ति विशेष
इतिहास के
घटना-कवच उतार कर
सृष्टि की
वल्कली संस्पर्शिता को स्वीकार करता है
तब
वह ईश्वरत्व की ओर अग्रसर होता है।
इस सृष्टि का
इस पृथिवी का एकमात्र महोत्सव है—
मनुष्य का ईश्वरत्व की ओर अग्रसर होना।

महानुभावो!
राज्य या न्याय—

राष्ट्र की इच्छा
आशा-आकांक्षा
सम्मान और गरिमा के प्रतीक होते हैं;
न कि किसी व्यक्ति विशेष के,
भले ही वह व्यक्ति
राज्याधिपति हो अथवा राजवंशी
ऋषि हो अथवा पृथुज्जन
विशिष्ट हो अथवा साधारण।
किसी की वैयक्तिकता नहीं
वरन
सम्पूर्ण की समग्रता ही राष्ट्र है।
निर्वेद की इस पीठिका पर खड़े होकर
राज्य, न्याय
राष्ट्र, इतिहास और
मानवीय आचरण को देखने पर
मन्त्री-परिषद के अभिमत से सहमत होना
मेरे ही लिए नहीं
किसी के लिए भी कठिन होगा।

महानुभावो!
सीता की चरित्र-मर्यादा पर
शंका की तर्जनी उठाना
राजद्रोह कैसे है?
यदि किसी ने
इस आचरण पर
न्यायिक आपत्ति उठायी होती
तो अपराध तो हो सकता था
परन्तु
यह राजद्रोह कैसे है?
राजद्रोह

व्यक्ति के विरुद्ध होता है या
राष्ट्र के?
क्या मन्त्री-परिषद का अभिमत है कि
मैं या सीता-राष्ट्र हैं?
नहीं—
अधिपति होने का अर्थ
राजा तो है
पर राष्ट्र नहीं।
जिस दिन भी
ऐसा मान लिया जाएगा।
महानुभावो!
इतिहास की वह सबसे गलत परम्परा होगी।
रावण
राष्ट्र का प्रतीक बन चुका था
इसीलिए लोगों के वर्चस्व ने
राष्ट्रीय मुक्ति के लिए युद्ध किया।

यह कहना कि
सीता की अग्नि-परीक्षा लेकर
हम इतिहास-दोषी हैं—
यह व्यक्ति के चरित्र की
अभिव्यक्ति की उदात्तता है
जिसका सम्मान किया जाना चाहिए,
परन्तु
हमें यह न भूलना चाहिए कि
राष्ट्र का प्रत्येक सदस्य
ज्ञात-अज्ञात रूप में
राष्ट्र के लिए परीक्षा देता है,
होम होता है।
जब कोई पृथुज्जन या साधारण जन

अधपेट खाकर रह जाता है
तो उसके चरित्र की
यह धैर्य-परीक्षा—
सीता की अग्नि-परीक्षा से
किस अर्थ में कम है?
तब
क्या हम उसके लिए भी
इतने ही इतिहास-दोषी नहीं हैं?

और महानुभावो!
क्या स्वर्गीय राजराजेश्वर महाराज दशरथ ने
आदर्श पितृत्व तथा
वचन की रक्षा के लिए
मरण स्वीकार कर परीक्षा नहीं दी?
स्वयं लक्ष्मण का
आदर्श अनुजत्व की स्थापना के हेतु
स्वेच्छया वल्कल धारण करना क्या था?
नन्दीग्राम के
आत्मनिर्वासित भरत के संयम से बड़ी
अनुशासन की
कौन सी परीक्षा सम्भव है?
तीनों माताओं
उर्मिला, माण्डवी
सारे के सारे रघुकुल सदस्यों को,
अयोध्या की जनता को
कौन सी परीक्षाएँ नहीं देनी पड़ीं?

हम सब इतिहास-दग्ध
इसीलिए तो हुए कि
हमारे राष्ट्र का वर्चस्व अक्षुण्ण रहे।

तब
केवल सीता की अग्नि-परीक्षा के लिए
यह आत्म-प्रवंचना क्यों?
यह ऐतिहासिक क्षमा-प्रार्थना किसलिए?
किसी भी क्षण
किसी के भी द्वार पर
कैसी ही परीक्षा के लिए
क्या राष्ट्र और इतिहास
दस्तक देते नहीं खड़े होते हैं?
क्या युद्ध
राष्ट्र और इतिहास के लिए दी गयी
समाज की
ऐसी ही अग्नि-परीक्षा नहीं होती?
तब
इना क्षमा-प्रार्थनाओं का क्या औचित्य है?

महानुभावो!
उस अनाम साधारण जन के
तर्जनी उठाने में
सम्भव है
कोई औचित्य न हो
परन्तु
चूँकि वह तर्जनी अकेली है
अतः उसकी सत्यता पर सन्देह भी स्वाभाविक है
लेकिन
इतिहास के प्रवाह से अकेला पड़ जाना
किस तर्क से दोष है महानुभावो?
वह व्यक्ति गलत हो सकता है
पर उसे विद्वेषपूर्ण बताना
हमारी अमानुषिकता होगी।
और

इस अकेलेपन की स्थिति को
दण्डित करना तो
नितान्त अन्याय होगा।

स्वाधीनता या
अभिव्यक्ति की स्वतन्त्रता का दुरुपयोग
यदि अनुत्तरदायित्वपूर्ण वाचालता है
तो, महानुभावों!
कायरतापूर्ण सहमति
उससे भी बड़ा दुरुपयोग है।
असहमति का अर्थ
निरंकुशता
अराजकता या राजद्रोह नहीं होता
और वह साधारण जन
क्या निरंकुश है?
क्या अराजक है??
क्या राजद्रोही है???

निश्चय ही
असहमति भी एक मत है
अभिव्यक्ति धारणा है।
रावण के लिए
विभीषण की असहमति
भय का कारण थी,
क्यों थी?
इसलिए कि
इतिहास से उठाकर फेंक दिये जाने का
उसे भय था
परन्तु
क्या मेरे लिए
ऐसा कोई भय है?
और यदि है

तो महानुभावो!
मुझमें और रावण में तब कोई अन्तर नहीं।
या तो राष्ट्र का प्रत्येक सदस्य स्वाधीन है
या फिर स्वाधीनता
केवल कपोल-कल्पना है।

शंका का उत्तर
केवल निर्भयता ही हो सकती है
और व्यक्ति—
पद, मर्यादा, अधिकार
सब कुछ का त्याग कर ही
निर्भय हो सकता है।

उस अनाम साधारण जन के आग्रह का उत्तर
सीता—
त्याग के उदात्त चरित्र के तथा
निस्पृह सौम्यता के
प्रतिआग्रह के द्वारा ही दे सकती हैं;
प्रत्येक ऐसी परीक्षा हमें अद्वितीय ही बनाती है।

अत:
कल सूर्योदय के साथ ही
सीता
वनवास के लिए प्रस्थान करेंगी।
वनवास-काल में
वह किसी भी राजकीय पद
मर्यादा, सुविधा और सुरक्षा की अधिकारिणी नहीं होंगी;
और सीमान्त तक
लक्ष्मण उनके रथ का सारथ्य ग्रहण करेंगे।

[सब अवाक रह जाते हैं।]

निर्वेद विदा

सूर्योदय हो रहा है। सीता को लेकर लक्ष्मण रथ पर चले जा रहे हैं। राम दूर जाते रथ को खिन्न तथा उदास मन से देख रहे हैं।

स्वगत :

राम! यह कैसा दृश्य तुम देख रहे हो?
आम्र-कुंजों के बीच से जाता
श्वेत घोड़ों वाला
प्रिया का यह राजरथ
और
यात्रा को अस्वीकारती
तुम्हारी ओर
उड़ आने को आकुल
उसकी यह प्रकम्पिता पताका
(क्या यह सीता का मन सम्भव है?)
प्रत्येक क्षण
दूरियों के जल में डूब जाने के लिए
तुम्हारे ही आदेश पर
अनुज के सारथ्य में चला जा रहा है!
क्या
किसी दिन
इसी प्रकार गवाक्ष में खड़े
इस रथ का लौटना देख सकोगे राम?
राम! यह कैसा दृश्य तुम देख रहे हो? ?
यज्ञ के चरुपात्र सी पवित्र तथा
मांगलिक सीता को
लक्ष्मण
तुम्हारी राज्य-सीमा पर
तुम्हारे ऐतिहासिक निर्णय के
प्रतीक स्वरूप

काग-ग्रास सा रख आएँगे।
व्यक्ति का
निर्वैयक्तिक उदार चरित में परिणत हो जाना
संन्यासी की गैरिकता से भी
अधिक भयानक होता है राम!
वाद्य के टूटने के साथ
उसका बजता हुआ राग भी टूट जाता है।
तुम्हारे सम्पूर्ण जीवन की पुरुषार्थता
सारी ऐतिहासिक सदाशयताओं की
यही इतिश्री है राम! कि
यज्ञ के चरुपात्र सी पवित्र तथा
मांगलिक सीता को
तुम्हारे सीमान्तों पर
लक्ष्मण!
काग-ग्रास सा रख आएँ।

राम! क्या कभी इसकी कल्पना थी, कि
अपने ही हाथों
सौम्या
माधवी प्रिया को
चीनांशुक के स्थान पर
पुनः वल्कल पहना
ऐसी कारुणी विदा देनी होगी?
उस प्रथम वनवास के समय
तुम थे
लक्ष्मण था, और
था एक प्रतिविश्वास,
पर आज?

आसन्न मातृत्व की दुर्वह स्थिति में
प्रिया को
किस प्राप्ति के लिए निर्वासित किया राम?
ऐसा अमानुषी आचरण तो
कोई वधिक भी
आसन्न प्रसवा गौ के साथ नहीं करता।
इतिहास की कितनी बड़ी आश्वस्ति
पौराणिकता के किस अच्युत पद के लिए
इन सनातन हाहाकार का वरण किया राम?

राम! यही है मनुष्य का प्रारब्ध, कि
कर्म
निर्मम कर्म
असंग कर्म करता ही चला जाए।
भले ही वह कर्म
धारदार अस्त्र की भाँति
न केवल देह
बल्कि उसके व्यक्तित्व और
सारी रागात्मकताओं को भी काटकर फेंक दें।

प्रिया ने उस दिन सच कहा था राम कि
व्यक्ति जब
इतिहास को समर्पित हो जाता है
तब ऐसी त्रासदी का घटना
अनिवार्य हो जाता है?
जीवन भर इतिहास का सन्धान करने वाला
यह भूल जाता है कि
वह व्यक्ति भी है, और

उसके पार्श्व में
कोई एकान्तकांक्षिणी प्रिया खड़ी है
न कि
इतिहास-पुरुष के पार्श्व में
खड़ी होने वाली
कोई प्रतिमा।
व्यक्ति का केवल इतिहास-पुरुष बन जाना तथा
प्रिया का मात्र प्रतिमा बन जाना
व्यक्तिगत जीवन की
सबसे बड़ी दुर्घटनाएँ होती हैं राम!
राम! निर्वेद की पीठिका पर
असंग अनासक्त खड़े होकर
क्या प्रिया को विदा दी जा सकती है?
किस लिए?
राज्य के लिए?
परन्तु तुमने राज्य कब किया राम।
जीवन भर वनवास ही तो किया
प्रिया से तुमने नहीं कहा था कि
बारम्बार एक ही नाटक
व्यक्ति के जीवन में दुहराया जाता है।
आज भी यह क्या है!!
सन्दर्भ बदल गये हैं
भूषाएँ, मुद्राएँ बदल गयी हैं
परन्तु नाटक?
क्या वही नहीं है?

एक निष्णात त्रासदी
जिसके गौण पात्र

स्थान, सन्दर्भ बदल गये हैं
परन्तु
मुख्य पात्र
वही तीनों हैं—
राम, सीता और लक्ष्मण!!
किस महोत्सव के अवसर पर
किस प्रयोजन पर
यह त्रासदी खेली जा रही है
कोई नहीं जानता राम!!
कोई नहीं!!

[राम शून्य ताकने लगते हैं]